Gisela und Hazem Shehada

Goha, der alte orientalische Spaßvogel

نوادر جحا

Sonderbare und humorvolle Erlebnisse im arabischen Orient

ORIENT-VERLAG
TRIER

Die Deutsche Bibliothek – CIP-Einheitsaufnahme

Goha, der alte orientalische Spaßvogel
Sonderbare und humorvolle Erlebnisse im arabischen Orient
Gisela und Hazem Shehada – 1. Auflage
Trier: Orient-Verlag, 2002
   (Orientalische Geschichten, Band 1)
   ISBN 3-933414-04-0

2002 Orient-Verlag, Trier
(Orient-Verlag OV GmbH, Dietrich-Flade Str. 16, D-54296 Trier)

Alle Rechte vorbehalten. Dieser Band sowie einzelne Teile desselben sind urheberrechtlich geschützt. Kein Teil dieses Buches darf ohne Genehmigung des Verlages in irgendeiner Form reproduziert oder in eine von Maschinen, insbesondere von Datenverarbeitungsmaschinen, verwendbare Sprache übertragen oder übersetzt werden. Jede Verwendung in anderen als den gesetzlich zugelassenen Fällen ist ohne vorherige schriftliche Zustimmung des Verlages nicht zulässig.

Gesamtgestaltung: Ihsan Hussein, Amman
Zeichnungen: Adeeb Maki, Amman
Herstellung: Orient-Verlag, Trier
Druck und Bindung: National Press, Amman
Printed in Jordan
ISBN 3-933414-04-0

Inhaltsverzeichnis

Vorwort des Leiters des Deutschen Orient-Instituts,
Prof. Dr. Udo Steinbach — 4
Die Person Goha — 6

Goha und der kranke Gast — 8
Goha erteilt seinen Gegnern eine Lektion — 13
Gohas Nagel — 20
Goha und der König — 26
Goha als Zimmermann — 33
Goha und der Bettler — 38
Goha ist verrückt geworden — 43
Goha und das sonderbare Hähnchen — 48
Goha und sein tückischer Freund — 55
Gohas Besuch beim König — 61
Gohas Wette mit dem König — 66
Goha und sein geiziger Nachbar — 74
Goha und seine zehn Esel — 83
Goha kauft seinen eigenen Esel — 88
Der sture Goha — 94

Vorwort

Düster ist die Wahrnehmung des Durchschnittsdeutschen von der arabischen Welt, doch auch deren Erscheinungsbild war einmal anders. Aber wer liest denn noch "Tausend und eine Nacht", dieses Gemälde eines heiteren Geistes, der die Lebenswirklichkeit der Araber beziehungsweise des Orients vor allem im kultivierten städtischen Milieu durchdrang.
Mit "Goha" steigen wir zu den ganz einfachen Menschen hinunter. "Goha" - das ist der arabische Eulenspiegel. Sein Leben ist eine endlose Kette von Erfahrungen und Verhaltensweisen, die dem normalen Verstand widersinnig, ja töricht vorkommen, die aber gleichwohl dem Leser, der sich darauf einlässt, aus seiner eigenen Lebenserfahrung heraus nachvollziehbar erscheinen. Irgendwie ist das eine oder andere von Gohas Narreteien uns auch schon einmal passiert. Torheit und Weisheit sind auf seltsame Weise aufeinander bezogen.
Die Ursprünge Gohas liegen im Dunkel. Wie auch um sein deutsches Gegenstück, Till Eulenspiegel, rivalisieren arabische Städte und Länder darum, seine Heimat zu sein. Geschichtlich verbürgt aber soll sein, dass der Mann, dessen Spitzname "Goha" wurde, im 8. Jahrhundert christlicher Zeitrechnung in Kufa, auf dem Gebiet des heutigen Irak, gelebt habe. Hundert Jahre alt soll er geworden sein, aber diese Angabe zeigt bereits, wie sich Tatsächliches und Legendäres vermischen. Und Letzteres ist das Eigentliche: Volkstümliche Phantasie hat Goha zum Gegenstand einiger hundert spaßiger oder hintergründig ernster, aber

immer unterhaltsamer Anekdoten gemacht. Sie haben Goha nicht nur unter den Arabern populär werden lassen; seine Spuren finden sich auch unter anderem an der Westküste Afrikas, in Italien und auf Malta. Im türkischen Sprachraum hat er in Nasrettin Hoca einen Doppelgänger. In den immer neuen Geschichten, die über Jahrhunderte Goha angehängt wurden, hat sich das einfache Volk selbst verewigt. Goha verliert sich in den Irrungen des täglichen Lebens und seiner kleinen und großen Herausforderungen, denen er naiv und ungeschickt begegnet, die ihn aber weder brechen, noch zum tragischen Helden machen. "Humor ist, wenn man trotzdem lacht", und man lacht, weil man die Wahrheit nicht sieht oder versteht, und auf eigentümliche Weise doch im Recht ist. Verstand und Moral sind Kategorien der anderen, ohne die man im einfachen Leben gut auskommt. Man ist eben einmal oben und dann wieder unten. Irgendwie stimmt am Ende die Gesamtbilanz.

Dank sei den Autoren und Herausgebern der Goha-Bände gesagt. Sie lassen uns an heiterer Hintergründigkeit teilhaben, die ein Zug der Wirklichkeit der Araber in Geschichte und Gegenwart war und ist. Nicht selten wird der Leser an die umwerfende Heiterkeit und den Humor ägyptischer Filme und Bühnenstücke erinnert. In einer dunklen Phase arabischer Geschichte tragen sie zum Überleben von Menschlichkeit bei. Das gilt auch für Goha.

Prof. Dr. Udo Steinbach   **Hamburg, Juli 2002**
Leiter des Deutschen Orient-Instituts

Die Person Goha

Ohne Zweifel ist die humorvolle Person Goha eine der bekanntesten Persönlichkeiten in der orientalischen, vor allem der arabischen Welt. Auch wenn der echte Goha laut Überlieferung schon in der zweiten Hälfte des 8. Jahrhunderts im arabischen Raum gelebt haben soll, ist Goha bis heute die am häufigsten erwähnte Persönlichkeit. Er war weder Politiker noch Gelehrter, sondern ein bescheidener Mensch, der in verschiedenen einfachen Berufen tätig war. Im Laufe der vielen Jahrzehnte, in denen Goha lebte, wurde er bereits zur Legende; heute ist es oft schon genug, wenn man eine lustige Geschichte erfindet und dann erzählt, dass sie von Goha stammt, um das Publikum zum Lachen zu bringen oder geistreich zu unterhalten. Goha verkörpert stets den arabischen, orientalischen Humor und wird meist als der Spaßvogel der arabisch-orientalischen Welt betrachtet.

Unzählige Geschichten haben sich in den Jahrzehnten seit seiner Lebenszeit über Goha entwickelt, sind erzählt und verändert worden. In den überall bekannten Goha-Geschichten wird er mal als kluger, mal als dummer Mensch, mal als weiser Richter, mal als listiger Betrüger dargestellt; häufig ist er geschickt und gewitzt, aber manchmal zeigt er auch eine unglaubliche Einfältigkeit. Eins ist aber nahezu immer mit der Person Goha verbunden: sein Esel. Er hat ihn in fast allen Abschnitten seines Lebens begleitet, so dass Goha ohne den Esel undenkbar ist. Beide sind unzertrennlich miteinander verbunden, wenn auch nicht immer in Einigkeit.

Nicht alle Geschichten über Goha sind jedoch wahr oder haben sich so ereignet, wie sie erzählt wurden. Da die humorvollen Goha-Geschichten aber sogar als literarische Texte an vielen arabischen Universitäten und Schulen behandelt werden und Theaterstücke und Filme über ihn entstanden sind, ist er im Laufe der Zeit zu einer literarischen Figur geworden.

Goha und der kranke Gast

Eines Tages klopfte es an Gohas Tür, und als er öffnete, stand ein sehr dicker Mann davor. Goha fragte ihn: „Wer bist du denn und was willst du?" Da antwortete der Dicke: „Ich komme aus einer weit entfernten Stadt und habe keine Verwandten hier. Daher dachte ich, ich könnte mich bei dir etwas ausruhen von der anstrengenden Fahrt." „Selbstverständlich!", sagte Goha, begrüßte ihn, ließ ihn eintreten und begann, sich mit ihm zu unterhalten.

Als die Essenszeit herankam, lud Goha den Fremden zum Essen ein und sagte zu ihm: „Entschuldige mich bitte kurz, ich will das Essen bringen." Kurz darauf brachte Goha Fladenbrot zum Esstisch und ging dann in die Küche, um Gemüse und Fleisch zu holen. Während Goha aber in der Küche war, hatte sein Gast bereits das ganze Fladenbrot aufgegessen. Als Goha nun Gemüse und Fleisch auf den Esstisch stellte, bemerkte er, dass der Fremde das Fladenbrot schon aufgegessen hatte, ohne auf ihn zu warten, und ging daher noch einmal in die Küche, um mehr Brot zu holen. Als er mit neuem Fladenbrot zum Tisch zurückkam, hatte der Gast aber Gemüse und Fleisch bereits ganz aufgegessen.

Mit Erstaunen stellte Goha den vollen Brotkorb auf den Tisch und ging mit den leeren Töpfen erneut in die Küche, um sie aufzufüllen. Als er die dampfenden Töpfe mit den lecker duftenden Speisen auf den Tisch setzte, hatte der Gast das Brot aber schon

wieder aufgegessen. Dieser Kreislauf wiederholte sich, bis Goha nichts mehr zu Hause hatte, weder Fleisch noch Gemüse noch Brot, und er selbst hatte von dem Essen nicht einen Bissen bekommen.
Schließlich fragte Goha seinen Gast: „Wohin führt eigentlich deine Reise?" Der Gast ant-

wortete: „Ich leide darunter, dass ich wenig Appetit habe, und daher habe ich Angst um meine Gesundheit. Ich habe nun in meiner Heimatstadt gehört, dass es in dieser Gegend einen guten Arzt gibt, und man hat mir empfohlen, mich von ihm behandeln zu lassen, damit ich hinterher mehr Appetit habe und endlich mehr essen kann." Goha, den der Hunger wütend machte, antwortete ironisch: „Oh, lieber armer Gast, du siehst wirklich blass und mager aus; eine Behandlung ist für dich sicher unbedingt notwendig!" Darauf entgegnete der Fremde: „Ja, das glaube ich auch, aber danach, wenn die Behandlung erfolgreich beendet ist, werde ich – so Gott will – zu dir zurückkommen und einen ganzen Monat als Gast bei dir verbringen, denn die Luft in eurer Stadt ist sehr gesund und ich möchte mich noch etwas erholen."
Goha erschrak, antwortete aber prompt: „Es tut mir sehr Leid, aber das wird nicht gehen, denn ich fahre morgen für lange Zeit weg in

eine weit entfernte Stadt, und ich glaube, dass wir uns wohl nie wiedersehen werden. Ich wünsche dir alles Gute und Gott segne deinen Appetit."

Goha erteilt seinen Gegnern eine Lektion

Eines Tages trafen sich Gohas Feinde, die Gelehrten und Prominenten seiner Heimatstadt, um zu beraten, wie sie ihm eine Falle stellen könnten, denn Goha behauptete stets, alles am besten zu können und das größte Wissen zu haben. Bei ihrem Treffen kam ihnen eine Idee, wie sie Goha so lächerlich machen könnten, dass er es nie wieder wagen würde, eine solche Behauptung auszusprechen.

Also gingen sie zu Goha und baten ihn, an einem Freitag seiner Wahl als Prediger in der Moschee zu erscheinen. Sie glaubten nämlich, dass er nicht in der Lage wäre zu predigen und sich so vor den vielen Menschen, die zum Freitagsgebet in die Moschee kämen, mit Stottern und Stammeln blamieren würde. Goha aber durchschaute ihre tückische Absicht und stimmte zu, am kommenden Freitag die Predigt zu übernehmen. Zum vereinbarten Termin erschien Goha in einem prachtvollen Gewand vor den zahlreichen in der Moschee versammelten Menschen. Würdevoll stieg er die Stufen zum Rednerpult hinauf und begann zu den erwartungsvollen Zuhörern zu sprechen.

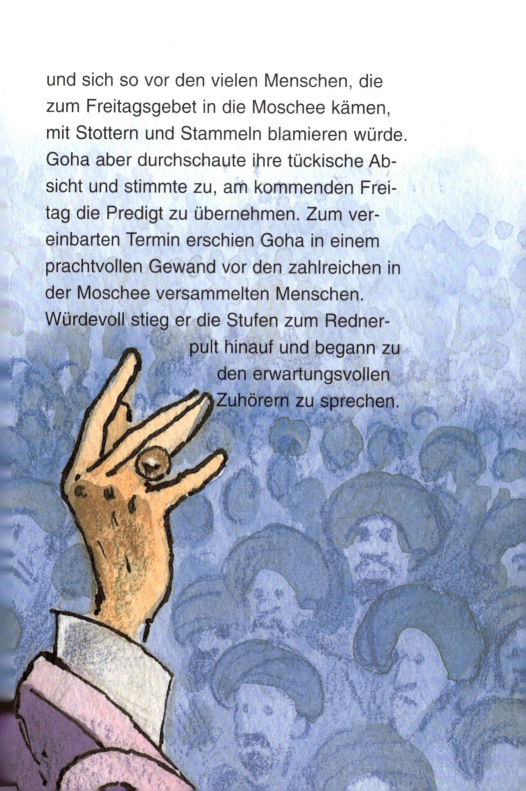

Mit starker Stimme rief er: „Sehr verehrte Brüder, wisst Ihr, was ich Euch sagen will?" Viele antworteten: „Nein, wir wissen es nicht." Goha erwiderte: „Wenn Ihr aber nicht wisst, was ich Euch sagen will, hat es keinen Sinn, dass ich zu Euch spreche!" Mit diesen Worten stieg er hinab und versuchte, die Moschee zu verlassen, so dass viele Leute schon enttäuscht nach Hause gingen. Die Gelehrten und Prominenten der Stadt aber, die ihm eine Falle stellen wollten, baten ihn dennoch, seine Predigt fortzusetzen. Goha sprach zu ihnen: „Ich verstehe Euch nicht! Ihr glaubt, dass Ihr viel besser seid als ich und über großes Wissen verfügt, und Ihr wisst wirklich nicht, was ich Euch sagen will?" Die Männer entschuldigten sich, baten Goha darum, am kommenden Freitag noch einmal zu predigen, und versprachen ihm, sich dann anders zu verhalten.

Eine Woche später trat Goha erneut vor die in der Moschee versammelten Männer und fragte sie: „Wisst Ihr nun, was ich Euch sagen will?" Die Leute, die Goha in Schwierigkeiten bringen wollten, hatten vereinbart, dieses Mal einstimmig mit „Ja" zu antworten, damit er auf jeden Fall seine Predigt halten würde. Als Goha dies vernahm, sprach er zu ihnen: „Wenn Ihr ohnehin schon wisst, was ich Euch sagen will, dann brauche ich ja nicht mehr zu predigen." Mit diesen Worten stieg er vom Pult hinab, verabschiedete sich höflich und ging fort.

Die Anwesenden waren ratlos und wussten zunächst nicht, wie sie ihren Plan, Goha in der Moschee zu blamieren, nun noch in die Tat umsetzen könnten. Nach langer Beratung gingen sie erneut zu Goha, entschuldigten sich, baten ihn, am nächsten Freitag seine Predigt fortzusetzen, und versprachen ihm, sich dann gescheiter zu verhalten. Untereinander hatten sie vereinbart, dass auf Gohas erste Frage die eine Hälfte mit

„Ja", die andere Hälfte aber mit „Nein" antworten sollte. Goha erklärte sich bereit, am darauf folgenden Freitag zu predigen, allerdings nur unter der Bedingung, dass dies das letzte Mal sein werde.

Am Freitag kam er also wieder zur Moschee, wo sich bereits viele Menschen versammelt hatten. Mit starker Stimme fragte Goha die Anwesenden: „Wisst Ihr heute endlich, was ich Euch sagen will?" Wie vereinbart antwortete die eine Hälfte mit „Ja", die andere mit „Nein", um Goha nun wirklich in Schwierigkeiten zu bringen. Goha aber lächelte und sprach dann würdevoll: „So bitte ich nun diejenigen unter Euch, die mit „Ja" geantwortet haben, denen, die „Nein" gesagt haben, zu erklären, was ich Euch sagen wollte." Dann verneigte er sich ehrerbietig, verabschiedete sich höflich und verließ triumphierend die Moschee.

Gohas Nagel

Lange Zeit lebte Goha mit seiner Frau und seinen vielen Eseln in einer ruhigen Wohngegend am Stadtrand. Eines Tages aber bekam er einen unangenehmen neuen Nachbarn, der sofort begann, ihn zu ärgern. Einmal schüttete er Wasser auf Gohas Haus, einmal warf er Müll in dessen Garten, er machte öfters Lärm und störte auch sonst auf vielerlei Art und Weise. Goha beschwerte sich einige Male, ohne dass das Verhalten des Nachbarn sich änderte, und auch die Vermittlungsbemühungen einiger seiner

Freunde blieben bei diesem Nachbarn ohne Erfolg, denn er beabsichtigte insgeheim, Goha zu vertreiben und sein Haus zu kaufen. Schließlich konnte Goha den täglichen Ärger nicht länger aushalten und überlegte, wie er den unerträglichen Zustand beenden könnte. Dabei kam er zu dem Entschluss, sein Haus zu verkaufen, um dem lästigen Nachbarn aus dem Weg zu gehen und in einer anderen Gegend wieder in Ruhe zu leben.

Am nächsten Tag machte er vor allem in Gesprächen mit Freunden und Bekannten überall bekannt, dass er sein Haus verkaufen wollte, und verlangte einen hohen Preis dafür. Natürlich hörte auch der Nachbar davon und freute sich, seinem Ziel näher zu

kommen. Er sprach zu seiner Frau: „Endlich ist unsere Rechnung aufgegangen! Nun können wir das schöne Haus kaufen und Goha aus dieser Gegend vertreiben." Schlagartig veränderte sich das Verhalten des Nachbarn, er entschuldigte sich bei Goha dafür, dass er ihn öfter geärgert hatte, und bat ihn, das Haus kaufen zu dürfen.

Goha nahm seine Entschuldigung an, verlangte wiederum den von ihm gewünschten hohen Preis und stellte zusätzlich eine Bedingung: „Im Wohnzimmer ist ein Nagel in die Wand eingeschlagen; ich hänge sehr an diesem Nagel, den ich von meinem Vater geerbt habe und er wiederum schon von seinem Vater. Wenn du mein Haus kaufen willst, darfst du diesen Nagel niemals entfernen und musst mir zu jeder Tages- und Nachtzeit Gelegenheit geben, diesen Nagel zu besuchen." Der Nachbar erwiderte: „Aber natürlich Goha, wir sind doch Freunde, jederzeit bist du mir willkommen, um diesen Nagel zu besuchen."

Goha ließ einen Kaufvertrag aufsetzen, in dem er den Kaufpreis und diese Bedingung festschrieb. Zur Unterzeichnung des Vertrages lud er auch Nachbarn und Freunde ein, damit sie Zeugen der getroffenen Vereinbarung würden. Sofort nachdem Goha ausgezogen war, zog der Nachbar in sein Haus ein und sagte zu seiner Frau: „Endlich haben wir unser Ziel erreicht und wohnen in diesem schönen Haus. Hoffentlich werden wir nun ohne Streit und Ärger friedlich hier leben."

Kurz danach klopfte aber Goha an die Tür und bat darum, hereinkommen und den Nagel sehen zu dürfen. Goha wiederholte seine Besuche häufig, am Tage und in der Nacht und auch zur Essenszeit, so dass er sogar mehrmals mit dem ehemaligen Nachbarn aß. Statt der erhofften Ruhe war für die neuen Besitzer von Gohas Haus eine Zeit mit ständigen Störungen durch Goha angebrochen. Die Frau begann schon bald, mit ihrem Mann zu streiten, und warf ihm vor: „Du warst derjenige, der Goha vertreiben wollte, um in seinem Haus zu wohnen. Nun siehst du die Folgen: Unruhe und ständige Störungen." Der Mann fragte: „Und was sollen wir nun tun?" „Das Haus wieder verkaufen", erwiderte die Frau prompt, und auch der Mann kam zu dem Schluss, dass dies wohl das Beste sei.

Um das Haus möglichst schnell zu verkaufen, bot der Mann es sofort für die Hälfte des ursprünglichen Kaufpreises an. Goha, der davon hörte und insgeheim seit dem Verkauf des Hauses auf diese Gelegenheit gewartet hatte, kaufte auf diese Weise schon am nächsten Tag sein altes Haus zum halben Preis zurück. Letztlich konnte Goha also doch wieder friedlich mit seiner Frau in dem alten Haus leben und hatte außerdem ein gutes Geschäft gemacht. Der lästige Nachbar und seine Frau aber wurden in dieser Gegend nie wieder gesehen.

Goha und der König

Nach einem gescheiterten Putschversuch war der König schlechter Stimmung. Um ihrem Herrn zu helfen, rieten ihm einige Minister, sich doch einfach mehr zu amüsieren. Sie riefen viele bekannte Spaßmacher an den Hof, die ihre Künste zeigen sollten, und sagten ihnen: „Wenn ihr es schafft, den König aufzuheitern, sollt ihr reich belohnt werden. Gelingt es euch aber nicht, die Stimmung unseres Königs zu verbessern, so kostet euch dies den Kopf!" Sie ließen sich nicht abschrecken, aber keiner der vielen Spaßmacher, die vor dem König auftraten, konnte ihn aufheitern, und so verloren sie alle ihr Leben. Die Minister waren ratlos, bis einer von ihnen schließlich ausrief: „Mein König, ich kenne noch einen Mann, der dir bestimmt Freude machen wird." Der König fragte: „Wer ist denn dieser Mann?" Der Minister antwortete: „Es ist Goha." „Also, dann holt ihn endlich!", sagte der König

barsch. „Worauf wartet ihr denn?"
Goha wurde an den Hof gebracht, und bevor er zum König hineinging, warnten ihn die Minister: „Goha, du musst dein Bestes geben, um dem König Freude zu machen, sonst verlierst du dein Leben wie die vielen anderen vor dir." Goha trat ängstlich vor den König und begrüßte ihn vorsichtig. Der König befahl mit lauter Stimme: „Fang an, und bring mich bloß zum Lachen, sonst musst du sterben."

Goha begann sofort, einige Witze zu erzählen, aber der König verzog keine Miene und fragte: „Ist das alles, was du zu bieten hast?" Goha fürchtete um sein Leben und erzählte einen Witz nach dem anderen, bis er sein gesamtes Programm vorgestellt hatte. Mit Schrecken bemerkte er dabei, dass sich die Miene des Königs eher verdüsterte.
Grimmig sagte dieser schließlich zu Goha: „Jetzt reicht es mir, du langweilst mich, und dein Kopf muss fallen." In seiner Not bat Go-

ha darum, noch einen letzten Witz erzählen zu dürfen. Während er seinen besten Witz vortrug, schüttete Goha sich aus vor Lachen, aber der König zeigte immer noch keine Freude und sagte am Ende: „Was soll das, Goha? Du lachst und ich nicht!" Er rief nach dem Henker und sprach: „Nun musst du auch Gohas Kopf abschlagen."
Goha zitterte am ganzen Leib und stam-

melte: „Mein lieber König, vom vielen Erzählen habe ich großen Durst; willst du mich wirklich sterben lassen, ohne dass ich noch etwas getrunken habe?" Der König befahl seinem Diener, ein Glas Wasser zu bringen, und als Goha es in der Hand hatte, flehte er den König an: „Bitte lass mich nicht sterben, bevor ich dieses Wasser getrunken habe; ich habe Angst, durstig zu sterben." Ungeduldig erwiderte der König: „Ja gut, ich werde dich nicht töten lassen, bevor du getrunken hast, also trink nun endlich!" Goha aber begann wieder zu sprechen und fragte besorgt: „Gibst du mir, mein König, dein Ehrenwort, dass du mich nicht sterben lässt, bevor ich dieses Wasser getrunken habe?" Gereizt gab der König zur Antwort: „Ja, das tue ich, nun trink doch endlich!" Nun wandte sich Goha an die Minister und Hofbeamten und fragte sie: „Habt ihr gehört und seid ihr meine Zeugen für das, was der König mir versprochen hat?" „Ja", antworteten sie einstimmig, „wir können bezeugen, dass der

König dir zugesagt hat, dass er dich nicht töten lässt, bevor du dieses Wasser getrunken hast."

Als sie dies bestätigt hatten, schüttete Goha das Wasser aus, ließ das Glas auf den Boden fallen und sagte laut: „Ich trinke nicht!" Dann wandte er sich an den König, auf dass er ihm nun sein Versprechen einlöse. Da brach der König in ein schallendes Lachen aus und sagte: „Goha, du bist sehr schlau und hast dadurch dein Leben gerettet."

An die Minister gerichtet fügte er hinzu: „Gebt ihm seinen Lohn!" Schließlich verabschiedete er Goha mit den Worten: „Du bist jederzeit willkommen bei mir."

Goha als Zimmermann

Goha war in seiner Stadt als guter Zimmermann bekannt. Durch seine Arbeit verdiente er genügend Geld, und er lebte glücklich mit seiner Familie. Einer seiner Nachbarn aber konnte Goha nicht leiden und versuchte immer wieder, ihn in Schwierigkeiten zu bringen.

Eines Tages verkaufte dieser Nachbar seinen schwachen Esel und kaufte sich stattdessen einen besonders großen, kräftigen Esel. Als er mit dem stattlichen Tier nach

Hause kam, bestaunten es die Nachbarn und fragten immer wieder: „Woher hast du denn diesen schönen, kräftigen Esel?" Der Nachbar erwiderte: „Wieso? Was ist denn Besonderes an diesem Esel?" „Ja siehst du das etwa nicht? Er ist doch größer als ein Esel und kleiner als ein Pferd!", entgegneten die Nachbarn.

Nach kurzem Zögern sagte der Besitzer des Esels: „Ah ja, ich habe vorher zwei kleine Esel gehabt; mit ihnen bin ich zum Zimmermann Goha gegangen und habe ihn gebeten, daraus einen großen Esel zu machen." Dies sagte er aber nur, um Goha in Schwierigkeiten zu bringen. Einer der Nachbarn dachte insgeheim bei sich, dass das eine gute Idee sei und dass er es auch probieren wolle. Er ging in die Stadt, kaufte zwei kleine Esel und ging mit ihnen zu Goha. Als dieser ihn kommen sah, fragte er: „Was führt dich zu mir?" „Lieber Goha, einer unserer Nachbarn hat erzählt, dass du das Unmögliche möglich machen kannst und dass du aus seinen zwei kleinen Eseln ein großes, kräftiges Tier gemacht hast." Goha lachte und dachte bei sich: „Das ist sicher wieder eine Falle, mit der mein böser Nachbar mich in Schwierigkeiten bringen will. Das soll ihm aber nicht gelingen." Zum Glück hatte Goha schon bald eine Idee, wie er es anstellen könnte, diese unmögliche Aufgabe doch zu lösen und seinen Ruf sogar noch zu stärken. Um den Kunden nicht zu enttäuschen, sagte er: „Ja gut, lass die zwei kleinen Esel hier, und gib mir 100 Dinar als Lohn im

Voraus; dann komm in sechs Monaten wieder, bis dahin habe ich für dich einen großen Esel gemacht." Der Mann freute sich, bezahlte Goha und ging fort. Noch am selben Tag ging Goha mit den kleinen Eseln zum Viehmarkt, verkaufte einen von ihnen, kaufte mit dem verdienten Geld Futter für sechs Monate und kehrte mit dem anderen Esel nach Hause zurück. Dort kümmerten sich seine Frau und er ständig um den Esel, ließen ihn nicht arbeiten, sondern pflegten und fütterten ihn so gut, dass er während der sechs Monate groß und kräftig wurde. Nach einem halben Jahr kam der Mann zu Goha, um – wie vereinbart – seinen Esel abzuholen.

Als er das stattliche Tier sah, fragte er erstaunt und dankbar: „Oh toll, Goha, was hast du nur mit diesem Esel gemacht, dass er so groß und kräftig geworden ist?" Goha antwortete knapp: „Das ist ein Berufsgeheimnis, das kann ich dir nicht verraten." Den Nachbarn aber plagte die Neugier, und er wollte von Goha wissen: „Aber lieber Goha, sage mir doch nur eins: Ist von meinen zwei Eseln noch etwas übrig geblieben?" Goha lächelte und sagte schlau: „Naja, deine zwei Eselchen haben nicht ganz ausgereicht, um dieses prächtige Tier zu machen; daher musste ich die langen Ohren, die langen Beine und den langen Schwanz selber machen." Der Mann glaubte Goha dies und führte seinen neuen Esel voller Stolz und Ehrfurcht nach Hause.

Goha und der Bettler

Goha wohnte damals in einem Haus, dessen Treppe viele Stufen hatte. Da es ihm unangenehm war, die lange Treppe herauf- und herunterzulaufen, verbrachte er seine Freizeit oft zu Hause, und wenn etwas aus der Stadt zu besorgen war, schickte er meist seine Frau, die noch jünger war.

Zu seinem Geburtstag aber wollte er eine große Feier zu Hause machen und hierzu viele Freunde

und Bekannte einladen, mit ihm gemeinsam zu feiern. Am Morgen seines Geburtstags ging er mit seiner Frau in die Stadt und machte einen großen Einkauf, damit sie nicht noch einmal gehen müssten. Zu Hause sagte er zu seiner Frau: „Ich hoffe, dass wir nun alles gekauft haben und nicht mehr weggehen müssen." Kurz darauf kamen seine Freunde und sie begannen fröhlich zu feiern. Während sie gemeinsam aßen, tranken und sich amüsierten, klopfte jemand hart unten an der Haustür.
Als Goha dies hörte, lehnte er sich oben aus dem Fenster

und fragte den Mann, der unten stand: „Was ist los? Warum klopfst du denn so hart an die Tür?" Der Mann erwiderte: „Es tut mir Leid, aber ich brauche dich dringend in einer wichtigen Angelegenheit. Komm doch bitte herunter zu mir." Goha sagte wütend: „Was ist denn nur los? Kannst du mir nicht von unten sagen, was du willst? Zwischen dir und mir liegen hundert Treppenstufen!" Aber der Mann lehnte dies ab und sprach: „Nein, du musst unbedingt nach unten kommen. Die Sache ist sehr wichtig, und ich möchte sie mit dir unter vier Augen besprechen." Nun war Goha überzeugt, dass der Mann ihn unbedingt brauchte, aber er zögerte noch immer, nach unten zu gehen. Seine Freunde aber ermutigten ihn und sagten: „Goha, es sieht so aus, als ob der Mann dich wirklich braucht, denn du bist berühmt für deine guten Ratschläge." Goha erwiderte: „Nun gut, wenn es so ist, muss ich wohl gehen; ich entschuldige mich, bin aber gleich zurück."

So stieg er schließlich die hundert Stufen hinab, und kam erschöpft unten an. Dann stand er vor dem Mann und fragte ihn: „Was willst du denn eigentlich von mir?" Der Mann gab ihm zur Antwort: „Ich bin ein armer Mensch, und ich brauche etwas Geld von dir." Goha war sehr wütend, dass er deswegen seine Gäste verlassen hatte und nach unten gekommen war, zeigte dies aber nicht, sondern sagte ruhig zu dem Bettler: „Dann komm bitte mit mir nach oben." Der Bettler freute sich, denn er erwartete von Goha eine großzügige

Gabe; also folgte er ihm über die vielen Stufen nach oben. Als Goha endlich seine Wohnung erreichte, schaute er sich nach dem Mann um, der schwitzend und schnaufend am Ende der Treppe stand, und sagte trocken: „Es tut mir Leid, ich habe kein Geld." Der Bettler starrte Goha entgeistert an und rief: „Warum hast du mir das denn nicht unten gesagt?" Goha antwortete wütend: „Ja, warum hast du mir denn nicht gleich von unten gesagt, dass du ein Bettler bist und Geld von mir haben willst? Geh jetzt, und lass dich hier nicht wieder blicken!"

Goha ist verrückt geworden

Beim Einkaufen traf Goha einen alten Freund, den er schon lange nicht mehr gesehen hatte, und sie begrüßten einander herzlich. Um seine Gastfreundschaft zu zeigen, lud Goha den Freund für den nächsten Tag zum Essen zu sich nach Hause ein. Da Goha wusste, dass sein Gast gerne Kaninchenbraten aß, kaufte er zwei Kaninchen und ging nach Hause. Dort erzählte er seiner Frau, dass der gute alte Freund am nächsten Tag zum Essen komme, und bat sie, zu

dieser Gelegenheit die beiden Kaninchen zuzubereiten.

Während Goha am folgenden Tag unterwegs war, um seinen Freund abzuholen, wurden die gebratenen Kaninchen fertig und seine Frau dachte: „Das Kaninchenfleisch duftet wunderbar! Sicher wird mein Mann nichts merken, wenn ich schon jetzt ein Stück probiere." Das Fleisch schmeckte ihr aber so gut, dass sie alles alleine aufaß.

Kurz danach kam Goha mit dem Gast nach Hause und bat seine Frau, das Essen auf den Tisch zu bringen. Diese sprach: „Mein lieber Mann, essen wir Fleisch ohne Brot? Wir haben kein Brot zu Hause." „Gut", sagte Goha, „dann gehe ich schnell welches kaufen, während du das Essen auf den Tisch bringst." Als er das Haus verlassen hatte, überlegte seine Frau, wie sie erklären könnte, dass kein Fleisch mehr da war.

Schließlich hatte sie eine Idee und ging zu dem Freund ihres Mannes ins Wohnzimmer. Sie fragte ihn: „Weißt du, warum mein Mann

dich eingeladen hat?" Der Gast erwiderte: „Weil wir gute Freunde sind." Die Frau entgegnete: „Nein, das stimmt nicht. Das ist nicht der Grund." „Ja warum denn dann?", wollte der Gast wissen. Geheimnisvoll flüsterte Gohas Frau: „Mein Mann ist verrückt geworden, und der Arzt hat ihm geraten, Menschenohren zu essen. Also hat er dich eingeladen, um deine Ohren abzuschneiden und sie dann zu kochen." Schockiert fragte der Mann: „Woran merkt man, dass Goha verrückt geworden ist?" Die Frau erklärte:

„Du wirst es sehen: Plötzlich fängt er an, die Hände über der Brust zusammenzuschlagen, und nach einer Weile fesselt er dich und schneidet deine Ohren ab."

Als der Gast dies hörte, stand er schnell auf und wollte sich gerade auf den Heimweg machen, als Goha zurückkam. Goha entschuldigte sich bei seinem Gast und sagte ihm: „Das Essen kommt sofort." Dann ging er zu seiner Frau in die Küche und fragte sie, wo das Essen bleibe. Die Frau erzählte Goha: „Als du weggegangen bist, kam dein Freund in die Küche, nahm die Kaninchen

aus dem Topf, verpackte sie in ein Tuch und versteckte sie in seinen Kleidern." Nachdem Goha dies gehört hatte, schlug er sich auf die Brust, genau wie seine Frau es dem Gast beschrieben hatte.
Der Mann sah dies, bekam Angst um seine Ohren und verließ fluchtartig das Haus. Goha aber lief ihm nach, um wenigstens ein Kaninchen für sich zu retten, und schrie: „Mein lieber Freund, nimm eins, und gib mir eins!" Der Freund jedoch rannte weiter, bedeckte seine Ohren mit den Händen und keuchte: „Nein, das geht gar nicht!"

Goha und das sonderbare Hähnchen

Goha war bekannt als großzügiger und gastfreundlicher Mann, und er stand seinen Freunden und Nachbarn jederzeit mit Rat und Tat zur Seite. Wenn ihn jemand, der von weit her kam, besuchte, so bewirtete er ihn so gut, dass der Gast sich sehr wohl fühlte. Eines Tages wollte ein alter Freund in der Stadt, in der Goha wohnte, Geschäfte machen und plante daher, einige Tage bei Goha zu verbringen.
Dieser begrüßte ihn herzlich in seinem Haus und bot ihm Essen und Trinken an. Der Freund blieb eine ganze Woche bei Goha und wurde rundum verwöhnt. Nachdem er seine Geschäfte erledigt hatte, entschuldigte sich der Gast und sprach: „Nun muss ich leider wieder nach Hause fahren, aber ich hoffe, dass du mich bald besuchst, damit ich deine Gastfreundschaft erwidern kann."
Nachdem er fortgegangen war, schimpfte

Gohas Frau: „Mein Gott, wir haben für deinen Freund alles ausgegeben, was wir gespart hatten, und das alles nur wegen deiner Großzügigkeit. Ich weiß nicht, wohin deine Gastfreundschaft uns noch führen wird!" Goha erwiderte: „Meine liebe Frau, der Mann hat uns besucht; sollten wir ihn etwa nicht herzlich empfangen und ihm unsere Gastfreundschaft zeigen? Wie du gehört hast, hat er mich zu sich eingeladen, und bestimmt wird er mich gastfreundlich aufnehmen, denn er ist ein reicher und großzügiger Mann." Eines Tages besuchte Goha dann wirklich mit seinem Esel die Heimatstadt seines Freundes und hoffte, von diesem herzlich empfangen zu werden. Er klopfte an seine Tür und sein Freund empfing ihn mit den Worten: „Hallo Goha, komm herein, herzlich willkommen bei uns!" Der Freund wandte

sich an seine Frau und bat sie, ein schönes Essen für diesen lieben Gast zu machen. Als er dies hörte, freute sich Goha, und da er sehr hungrig war, lief ihm bei dem Gedanken an das gute Essen schon das Wasser im Munde zusammen.

Während die Frau das Essen zubereitete, unterhielt sich Goha mit seinem Freund, und so verging eine lange Zeit. Schließlich sagte Goha mit einem ironischen Unterton: „Bestimmt wird euer Essen besonders gut schmecken, denn es riecht sehr gut." Der Freund verstand, was Goha meinte, und sagte: „Sicherlich wird es dir gut schmecken, denn bald kommt das Essen, und obenauf liegt ein schönes gebratenes Hähnchen." Goha freute sich, von einem Hähnchen zu hören, und sagte zu seinem Freund: „Wie schlau du bist! Du lässt mich warten, bis ich richtig Hunger habe, damit ich mit Appetit und Freude esse."

Kurz darauf brachte die Frau das Essen mit dem Hähnchen auf den Tisch, bat Goha zu-

zugreifen und wünschte ihm „Guten Appetit!"
Sie entschuldigte sich, dass sie und ihr Mann leider nicht mit ihm essen könnten, da sie wegen ihres Übergewichts gerade Diät machten.

Goha begann mit der Suppe und aß dann reichlich Gemüse, ließ aber einen Platz für das Hähnchen. Als er jedoch versuchte, das Hähnchen zu zerteilen, hatte er Schwierigkeiten damit, denn er konnte kein Stück

herausnehmen. Er drehte es einige Male, um sich ein Stück Hähnchen zu nehmen, aber ohne Erfolg.
Er dachte „Was für ein Hähnchen ist das denn?", und legte es enttäuscht beiseite. Statt des Hähnchens aß er dann mehr Suppe und Gemüse, ohne irgendetwas dazu zu sagen. Am nächsten Tag wiederholte sich dasselbe Bild, und der Freund setzte Goha erneut Suppe, Gemüse und ein gebratenes Hähnchen vor. Er aß reichlich Suppe und Gemüse, aber von dem Hähnchen konnte er wieder nichts bekommen, da es genauso hart wie am Vortag war. Goha wunderte sich nur im Stillen über diese besondere Gastfreundschaft, denn auch an diesem Tag ließen ihn seine Gastgeber unter einem Vorwand allein essen und leisteten ihm nur Gesellschaft dabei. Als sich das Spiel am dritten Tag jedoch noch einmal wiederholte und das Fleisch wieder unzugänglich blieb, hob Goha das Hähnchen hoch. Der Freund fragte sofort: „Was machst du denn da, Go-

ha?" „Ich bewundere dieses Hähnchen, das drei Mal im Backofen gelegen hat, ohne dass das Feuer es weich gemacht hat." Mit einem ironischen Lächeln legte er das Hähnchen auf den Tisch zurück.

Als Goha kurz darauf nach Hause gehen wollte, klopfte ein Nachbar bei seinem Freund an die Tür. Dieser öffnete, und der Nachbar fragte: „Kann ich dein Hähnchen für einige Tage ausleihen? Ich habe nämlich gerade Besuch bekommen, aber wenn er abreist, bekommst du es wieder!"

Goha und sein tückischer Freund

Goha war bei all seinen Freunden als großmütiger und hilfsbereiter Mensch bekannt. Als er eines Tages in die Stadt ging, sah er von weitem eine Menschenmenge, die sich auf dem Viehmarkt versammelt hatte. Goha näherte sich, um sich zu erkundigen, was dort los war. Da sah er einen seiner Freunde, der in einen Streit mit einigen Händlern verwickelt war. Goha bahnte sich einen Weg durch die Menge und fragte die Händler, die seinen Freund an den Armen festhielten: „Was ist denn los? Lassen Sie meinen Freund in Ruhe!" Einer der Händler antwortete: „Er schuldet uns Geld, denn er hat einen Esel gekauft und nicht bezahlt. Und jedes Mal, wenn wir unser Geld verlangen, sagt er uns, er hätte keins, aber er würde seine Schulden bestimmt am nächsten Tag bezahlen. So geht es nun schon seit langem."
Goha, der wie immer hilfsbereit war, fragte:

„Wie viel Geld bekommt ihr denn von meinem Freund?" „Hundert Dinar", erwiderte der Händler. Ohne zu zögern zog Goha sein Portemonnaie aus der Tasche, reichte dem Händler das geforderte Geld und sprach: „Hier sind die hundert Dinar, und nun lasst meinen Freund sofort los."
Nachdem er von Goha gerettet worden war, umarmte der Freund ihn und sagte zu ihm: „Vielen Dank, lieber Goha, du bist ein wahrer Freund; ohne dich wäre ich in ernsthafte Schwierigkeiten geraten." Goha erwiderte:

„Aber das ist doch selbstverständlich. Ich freue mich, dass ich hier vorbeigekommen bin und dir so helfen konnte." Der Freund sprach: „Ich werde dir das Geld sobald wie möglich zurückgeben, und um meine Dankbarkeit zum Ausdruck zu bringen, möchte ich dich in mein Haus einladen, das nicht weit von hier ist." Goha entschuldigte sich höflich und sagte: „Heute habe ich leider viel zu tun, so dass ich nicht mit dir kommen kann, ein anderes Mal komme ich aber gern." Dann ging Goha schnell nach Hause zurück. Dort aber fragte ihn seine Frau erstaunt: „Warum bist du so früh gekommen? Und wo sind die Sachen, die du kaufen solltest?" Goha antwortete: „Ich habe einem Freund in einer Notlage geholfen, und die Sachen, die ich

besorgen sollte, kaufe ich später, denn das Geld reichte nicht mehr dafür."

Einige Tage später traf Goha diesen Freund wieder, und er rief aus: „Wo warst du denn, Goha? Ich habe die ganze Zeit auf dich gewartet, um dir das Geld zurückzugeben. Wie wäre es, wenn du jetzt gleich mit mir nach Hause kommst?" Goha antwortete: „Nein, mein Freund, ich habe jetzt keine Zeit, aber ein anderes Mal wird es hoffentlich klappen."

Als Goha den Mann nach einigen Tagen erneut traf, fragte dieser ihn: „Wo warst du denn die ganze Zeit? Meine Frau hat für deinen Besuch ein schönes Essen zubereitet, aber wir haben leider vergebens auf dich gewartet, um dir bei dieser Gelegenheit das Geld zurückzugeben." Goha erwiderte: „Mein lieber Freund, in letzter Zeit habe ich viel zu tun, aber du weißt ja, wo ich wohne, und dann kannst du das Geld, das du mir schuldest, ja auch zu mir bringen."

„Einverstanden", sagte der Freund. „Ich werde in den nächsten Tagen zu dir kommen."

Es vergingen jedoch einige Wochen, ohne dass der Freund sich bei Goha meldete. Da entschloss sich Goha, der nun vermutete, dass sein Freund das Geld gar nicht mehr zurückgeben wollte, selbst zu ihm zu gehen, um sein Geld zu bekommen. Goha näherte sich dem Haus seines Freundes und sah ihn am Fenster.

Als der Freund aber Goha vor seinem Haus erblickte, verschwand er schnell und versteckte sich. Goha klopfte an die Tür, und die Frau seines Freundes fragte: „Wer ist denn da?" Goha antwortete: „Ich bin's. Ich

möchte meinen Freund besuchen." Die Frau erwiderte: „Er hat oft auf dich gewartet, aber jetzt ist er leider nicht zu Hause. Er wäre sicher sehr traurig, wenn er wüsste, dass du hier bist." Als Goha diese Antwort hörte, wurde er wütend und sagte laut: „Dann sag bitte deinem Mann, wenn er das nächste Mal weggeht, soll er nicht wieder vergessen, seinen Kopf am Fenster mitzunehmen; sonst könnten seine Besucher glauben, er sei zu Hause, wolle aber seine Schulden nicht bezahlen."

Gohas Besuch beim König

Eines Tages hörte Goha, dass der König eine große Feier aus Anlass der Hochzeit seiner Tochter geben und zu diesem Fest ein großes Essen anrichten lassen wollte. Als Goha, der leidenschaftlich gerne aß, nun erfuhr, dass er nicht zu den auserwählten Gästen gehörte, überlegte er, wie er dennoch an dem Fest teilnehmen könnte.
Zuerst versuchte er, einfach ohne Einladung hineinzukommen, aber die Wächter ließen ihn nicht vorbei. Auf dem Weg nach Hause überlegte Goha, der niemals schnell aufgab, was er nun tun könnte, und plötzlich kam ihm eine Idee: Zu Hause zog er seine besten Kleider an, nahm ein weißes Papier, faltete es, steckte es in einen Briefumschlag und adressierte den Brief an den König. Dann beeilte Goha sich, nahm seinen Esel und ritt schnell zurück zum Palast des Königs, damit er nur ja das gute Essen nicht verpasse.
Als Goha zu den Wachen an der Tür kam,

fragten sie ihn: „Wer bist du, und was willst du hier?" Er antwortete: „Ich bin Goha, und ich habe hier einen wichtigen Brief, den ich dem König selbst übergeben muss." Goha wurde eingelassen, ging direkt zum König und übergab seinen Brief. Dann mischte er sich schnell unter die geladenen Gäste, die gerade zu Tisch gingen. Er begann sofort zu essen, so dass die anderen Leute erstaunt waren, wie schnell er die leckeren Gerichte

verspeiste, noch bevor der König seinen
Brief lesen konnte.
Als der König ihn schließlich öffnete, fand er
darin nur ein unbeschriebenes Blatt und
wurde wütend. Er ging zu Gohas Tisch und
sprach: „Goha, dieser Zettel ist weiß, und
darauf steht nichts geschrieben." Goha, der
noch am Essen war, antwortete: „Sie haben
Recht, Herr König, auf dem Zettel steht
nichts geschrieben, denn ich kam in großer

Eile und hatte keine Zeit mehr, etwas darauf zu schreiben. Ich bitte um Verzeihung."

Der König lachte über Gohas Worte, während dieser schnell mit den Fingern weiter aß. „Warum isst du denn hier im Palast mit deinen fünf Fingern vor all meinen Gästen?", fragte der König. Goha erwiderte: „Aber selbstverständlich esse ich mit fünf Fingern, denn meine Hand hat keine sechs Finger."

Daraufhin lachten der König und seine Gäste, während Goha sich genüsslich dem Nachtisch zuwandte. Nachdem Goha in größter Eile so viel von dem leckeren Essen verschlungen hatte, wie er nur konnte, kam der König wieder zu ihm und fragte: „Aber Goha, was wolltest du denn in deinem Brief eigentlich schreiben?" Goha erwiderte: „Ach ja, jetzt erinnere ich mich, was ich schreiben wollte: ‚Vielen Dank für Ihre Einladung! Alles hat mir sehr gut geschmeckt!'"

Gohas Wette mit dem König

Früher war es üblich, dass der König im Herbst ein großes Fest für seine Untertanen veranstaltete. Eines Tages gehörte auch Goha zu den geladenen Gästen. Während sich viele Gäste im Garten mit Speisen und Getränken amüsierten, saßen Goha und andere Gäste mit dem König drinnen in seinem Palast.

Der König war bester Laune und wandte sich plötzlich mit einer ungewöhnlichen Frage an Goha: „Kannst du, lieber Goha, irgendwann bei kaltem Wetter die ganze Nacht auf dem hohen Berg dort drüben verbringen, ohne deinen Oberkörper zu bekleiden und ohne dich auf irgendeine Weise zu erwärmen?" Goha antwortete prompt: „Ja, natürlich kann ich das, mein König, du musst nur den Tag bestimmen." Der König, der über Gohas spontane Antwort erstaunt war, setzte hinzu: „Gut Goha, wenn du das schaffst, bekommst du von mir 1000 Dinar als Belohnung."

An einem sehr kalten Wintertag ließ der König Goha dann zu sich kommen und sagte ihm: „Sei bereit heute Abend! In dieser Nacht kannst du dort drüben auf dem Berg unsere Wette gewinnen!"

Der König rief einige seiner Wachen, befahl ihnen, sich warm gegen die winterliche Kälte zu kleiden, Goha auf den Berg zu begleiten und ihn zu überwachen. Mit nacktem Ober-

körper, bloßen Füßen und einer leichten Hose stand Goha zusammengekauert auf dem Gipfel des Berges und die Wachen des Königs in ihren warmen Kleidern achteten sorgsam darauf, dass er sich nicht entfernen oder irgendwie wärmen konnte.
Goha, der die Arme um seinen Körper schlang, tat wegen der eisigen Kälte in dieser Nacht kein Auge zu, und da er reglos auf

dem Berg stand, wäre er gegen Morgen fast erfroren. Als aber der neue Tag endlich anbrach, brachten die Wächter den tapferen Mann zum König und Goha erzählte ihm, wie er die Nacht verbracht hatte, ohne zu zeigen, wie sehr er gelitten hatte. Plötzlich fragte ihn der König: „Goha, hast du heute Nacht in der Nähe oder in der Ferne ein Licht gesehen?" Goha antwortete: „Mein

König, nur ganz von Ferne habe ich einen einzigen leichten Lichtschein aus einem Haus gesehen; sonst war es vollkommen dunkel." Lächelnd erwiderte daraufhin der König: „Siehst du Goha, dann hast du die Wette verloren, denn durch dieses eine ferne Licht hast du dich erwärmt." Goha, der an die bittere Kälte dieser Nacht dachte, war zwar wütend, schwieg aber und verschwand wortlos. Auf dem Weg nach Hause kam ihm dann eine Idee, wie er die 1000 Dinar von dem betrügerischen König doch noch bekommen könnte.

Einige Zeit später ging Goha zum König und lud ihn und seine Wächter zu einem guten Essen in sein Haus ein. Goha fügte hinzu: „Ich selbst werde ein leckeres Essen zubereiten; kommen Sie bitte etwas früher, damit wir uns vorher noch ein bisschen amüsieren können." Zum verabredeten Zeitpunkt kam der König in Begleitung eines großen Gefolges, und Goha ließ sie an einem großen Tisch in seinem Haus Platz nehmen. Er setzte sich zu ihnen, erzählte einige Witze und brachte seine Gäste in gute Stimmung, so dass mit den heiteren Gesprächen die Essenszeit verging. Plötzlich aber bekamen der König und seine Leute Hunger und fragten Goha: „Wo ist denn das leckere Essen? Wir haben Hunger!" Goha, der zwischendurch einige Male kurz zum Garten gegangen war, entschuldigte sich und sprach: „Das Essen ist leider noch nicht fertig, aber das ist nicht meine Schuld, sondern die Schuld des Feuers."

Als das Essen nach längerer Zeit immer noch nicht fertig war, wurde der König ungeduldig und sagte zu seinen Leuten: „Lasst uns 'mal nachsehen, was Goha macht!" Sie folgten ihrem Gastgeber in den Garten und sahen voller Entsetzen, dass dieser die Töpfe mit dem Essen an den Ast eines hohen Baumes gehängt und darunter auf dem Boden ein kleines Feuer entzündet hatte.

Voller Wut schrie der König Goha an: „Machst du dich über uns lustig? Wie kann man auf diese Weise jemals ein Essen kochen?" Goha erwiderte grinsend: „Als ich damals in der Kälte die Nacht auf dem Berg verbracht habe, hast du behauptet, ich hätte mich am Schein eines kleinen Lichtes in weiter Ferne erwärmt und so die Wette verloren. Wieso sollte dann das Essen nicht von einem Feuer gar werden, obwohl doch nur wenige Meter zwischen dem Feuer und den Töpfen liegen?"

Die Wut des Königs verflog, er lachte und sprach: „Deine Klugheit, Goha, hat mich überzeugt, du hast unsere Wette doch gewonnen; hier sind die 1000 Dinar."

Goha und sein geiziger Nachbar

Goha wohnte in einer Stadt, in der er als gutmütiger Mann bekannt war. Man wusste, dass er stets bereit war, anderen etwas zu geben und ihnen seine Sachen zu leihen. Neben ihm aber wohnte ein reicher Mann, der sehr geizig war und immer Dinge von anderen ausleihen wollte. Dieser geizige Nachbar kam öfter zu Goha und borgte sich Sachen aus seinem Haus.

Eines Tages kam er wieder und sprach zu Goha: „Ich weiß, dass du sehr großzügig bist und mir schon oft deine Sachen geliehen hast. Da ich aber heute einen wichtigen Termin habe, lieber Goha, könntest du mir wohl deinen Esel leihen, damit ich pünktlich dorthin gelangen kann?" Goha zeigte sich wie immer gutmütig und gab ihm den Esel. Der Geizige nahm den Esel mit Freude und ritt zu seinem Termin. Abends brachte er Gohas Esel dankend zurück. In der Folgezeit kam es jedoch immer häufiger vor, dass er Gohas Esel leihen wollte, bis Goha ihm eines Tages sagte: „Mein lieber Nachbar, wie wäre es, wenn du meinen Esel gleich als Geschenk nähmest? Dann hätte ich meine Ruhe und du könntest deine Termine leichter wahrnehmen!"

Lächelnd erwiderte der Geizige: „Oh nein, lieber Goha, wieso sollte ich deinen Esel als Geschenk annehmen? So ist es für mich viel bequemer und günstiger, denn wenn ich den Esel als Geschenk bekäme, müsste ich ihn

immer selbst pflegen und füttern. So ist es doch viel besser; ich kann deinen Esel jederzeit leihen, ohne etwas für seine Versorgung aufzuwenden, denn du übernimmst dankenswerterweise diese Aufgabe." Dann nahm er den Esel und verschwand.
Goha war wütend über diese unverschämte Antwort und überlegte, was er nun tun sollte. Als der Nachbar eines Tages wieder darum bat, den Esel leihen zu dürfen, sagte Goha: „Einen Moment, Herr Nachbar, ich muss zuerst meinen Esel fragen, ob er dich begleiten

möchte; wenn er will, bin ich auch einverstanden." Nach einer Weile kam Goha zurück und berichtete: „Ich habe den Esel gefragt, und er hat geantwortet, dass du ihm sehr schwere Lasten auflädst, ihn öfter schlägst und seinen Besitzer schimpfst." Erstaunt erwiderte der Nachbar: „Oh nein, lieber Goha, das muss ein Irrtum sein; heute Abend, wenn ich den Esel zurückbringe, kannst du ihn noch einmal fragen." Mit dieser List konnte er den Esel also wiederum mitnehmen.

Am Abend kam der Nachbar mit dem Esel zurück und sagte zu Goha: „So Goha, heute habe ich deinen Esel verwöhnt: ich habe ihn keine schweren Lasten tragen lassen, ich habe ihn lange pausieren lassen und ihn reichlich gefüttert. Das gute Futter hat mich 3 Taler gekostet, und so bitte ich dich, sie mir zurückzugeben, denn schließlich ist es ja dein Esel!"

Nun wurde Goha sehr zornig und schwor im Stillen, sich an diesem Nachbarn, der seine Großzügigkeit so oft ausgenutzt hatte, zu rächen. Da er erfahren hatte, dass der geizige Nachbar auch noch von anderen Nachbarn ihre Esel geliehen und sie auf ähnliche Weise ausgenutzt hatte, beschloss Goha, dem Geizigen zusammen mit den anderen eine Lektion zu erteilen, so dass dieser es nie wieder wagen würde, andere Leute auszunutzen.

Sie wussten, dass der Geizige in den nächsten Tagen einen großen Transport aus einer entfernten Stadt mit mehreren Eseln plante, und so bot es sich an, bei dieser Gelegenheit gemeinsam gegen ihn vorzugehen. Sie vereinbarten, ihm alle ihre Esel zu geben, als ob nichts passiert wäre. Am nächsten Tag kam der Geizige - wie erwartet - zu Goha und fragte ihn, ob er den Esel dieses Mal sogar für zwei Tage ausleihen könne. Nach langem Zögern erklärte sich Goha bereit, mahnte jedoch mit lauter Stimme: „Vergiss aber nicht, ihn gut zu füttern und ihm reichlich Wasser zu geben." Bei sich dachte er:

„Das wird das letzte Mal sein, dass du uns ausnutzt!" Nachdem der Geizige eine Karawane von zehn Eseln zusammengestellt hatte und mit ihnen fortgezogen war, versammelten sich die Nachbarn bei Goha, mieteten ein Eselfuhrwerk und folgten dem Geizigen in einigem Abstand, ohne dass er sie sehen konnte.

Am Abend trafen sie in der entfernten Handelsstadt ein, in welcher der Geizige sein großes Geschäft machen wollte. Nach kurzer Zeit spürten sie ihn auf und sahen, dass seine Waren fertig aufgestapelt vor dem Lager standen. Ihre Esel waren in Reih und Glied daneben angebunden.

Während der Geizige im Haus seines Geschäftspartners, wo er als Gast die Nacht verbringen wollte, mit ihm die Preise für die Waren verhandelte und diese sofort bezahlte, sprangen Goha und seine Freunde vom Fuhrwerk, beluden die Esel mit den bereitstehenden Waren und verschwanden in der Dunkelheit. Am frühen Morgen erreichten sie ihre Heimatstadt und verkauften sofort auf dem Markt die Waren des Geizigen und ihre Esel. Anschließend gingen sie froh nach Hause, denn alle hatten auf Kosten des Geizigen ein gutes Geschäft gemacht.

Als dieser aber am frühen Morgen in der fernen Stadt erwachte und kurz darauf in froher Erwartung eines guten Verkaufs aufbrechen wollte, fand er weder Esel noch

Waren. Fassungslos fiel er zu Boden, denn vor ihm lag eine beschwerliche Reise: ohne Geld, ohne die Waren und ohne Esel musste er zu Fuß den langen Weg in seine Heimatstadt zurücklegen, wo Goha und seine Freunde voller Schadenfreude auf ihn warteten.

Als der Geizige nach zwei Tagen vollkommen erschöpft, hungrig und durstig dort ankam, standen die Freunde vor den Toren der Stadt und empfingen ihn mit den Worten: „Wo sind denn unsere Esel?"

Goha und seine zehn Esel

Goha, der in seiner Stadt schon als großer Händler bekannt war, wollte sein Geschäft weiter ausbauen. Aus diesem Grund kaufte er mehrere Esel, die seine Waren aus fernen Städten transportieren sollten. Eines Tages entschloss er sich, am nächsten Morgen mit einer Karawane von zehn Eseln loszuziehen, um aus einer weit entfernten Stadt Waren herbeizubringen. Seine Frau stellte für ihn reichlich Essen und Trinken bereit, und

nachdem Goha die zehn Esel gezählt und in einer Reihe hintereinander aufgestellt hatte, führte er den ersten an einem Strick und zog los. Als er seine Stadt hinter sich gelassen hatte, wollte er sicherstellen, dass auch alle Esel da waren, und begann noch einmal, sie zu zählen.

Alle zehn waren da, und so bestieg er den ersten Esel und ritt los. Aus Angst, unterwegs einen Esel zu verlieren, drehte er sich nach einer Weile um und zählte sie wieder, allerdings ohne seinen Reitesel mitzuzählen. Dabei stellte er fest, dass es nur noch neun Esel waren. Goha war schockiert und bekam große Angst. Er stieg ab, stellte sich neben die Reihe der Esel und zählte sie noch einmal. Zu seiner Freude stellte er nun fest, dass alle zehn Esel wieder in Reih und Glied vor ihm standen.

Beruhigt stieg er auf und zog weiter. Nach einiger Zeit drehte er sich allerdings erneut um, zählte die Esel und

bemerkte, dass es nur noch neun waren. Besorgt hielt er an und schaute sich um, ob sich vielleicht einer seiner Esel verlaufen hätte.
Während Goha überall nach dem verlorenen Esel suchte, kam ein Scheich vorbei und fragte ihn: „Guter Mann, was kann ich für dich tun? Du siehst verlegen aus!" Goha stieg ab und erwiderte traurig: „Ich hatte zehn Esel, als ich heute Morgen loszog, und jetzt sind es nur noch neun."

Der kluge Scheich sagte: „Komm, wir zählen sie noch einmal gemeinsam", und plötzlich waren es wieder zehn Esel. Goha bedankte sich herzlich bei dem hilfsbereiten Scheich, schimpfte die Esel, sie sollten sich jetzt gefälligst diszipliniert verhalten, bestieg wieder den ersten Esel und ritt weiter. Unterwegs traf er nach einiger Zeit einen alten Freund, mit dem er sich kurz unterhielt. Nachdem der Freund sich verabschiedet hatte, dachte Goha, es sei sinnvoll, die Esel schnell noch einmal durchzuzählen, bevor er weiterritt. Er

drehte sich um, zählte die Esel, und da waren es wieder nur neun.
Entnervt stieg er ab und schimpfte laut mit den „undisziplinierten" Eseln: „Was für Späße treibt ihr mit mir? So geht es nicht weiter! Ich bin schließlich in Geschäften unterwegs und habe keine Zeit für euer Versteckspiel!" Entschlossen stellte er sich mit seinem Stock neben die Eselreihe und sagte zu sich: „Lieber laufe ich mit zehn Eseln in die Stadt, als mit neun zu reiten."

Goha kauft seinen eigenen Esel

Lange Zeit arbeitete Goha als Holzfäller in einem schönen Wald. Um das geschnittene Holz in die Stadt zu transportieren und es dort zu verkaufen, nahm er seinen Esel mit. Die Arbeit im Wald war sein Beruf, und sie ernährte ihn und den Esel. Mit der Zeit bemerkte Goha jedoch, dass die Kräfte des Esels nachließen, dass er aber gleichzeitig immer mehr Essen verlangte.
So entschloss sich Goha kurzerhand, seinen armen, schwachen Esel auf dem Viehmarkt in der Stadt zu verkaufen und stattdessen einen jungen, starken Esel zu kaufen, natürlich in der Hoffnung, dass dieser mehr arbeiten und weniger essen würde. Wie es aber üblich war, ließ Goha einen der Viehhändler seinen Esel zum Verkauf anbieten.
Dieser begann sofort, mit geübter, lauter Stimme den Esel anzupreisen und seine Vorzüge in den höchsten Tönen zu loben,

um einen guten Preis zu erzielen. So versammelten sich alsbald viele Leute, die diesen außergewöhnlichen Esel mit ihren eigenen Augen sehen wollten. Einige von ihnen erkannten den Esel jedoch sofort und sagten: „Das ist doch Gohas alter Esel, den kann man doch nicht kaufen."
Als Goha, der die Sache von weitem beobachtet hatte, nun bemerkte, dass viele Käufer wegliefen und die Menge sich auflöste, kam er und sprach: „Das stimmt nicht, das

ist nicht mein Esel; ich habe sogar selber die Absicht, diesen schönen Esel zu kaufen, wenn der Preis stimmt." Die Leute, die schon gehen wollten, kamen zurück, und der Viehhändler begann schnell mit der Versteigerung. Goha bot kräftig mit, um zu zeigen, dass dies nicht sein Esel war und gleichzeitig einen guten Verkaufspreis zu erzielen. Schließlich konnten die anderen Käufer aber nicht mehr mithalten, so dass Goha wirklich den Zuschlag erhielt.
Er nahm seinen Geldbeutel aus der Tasche

und gab dem Viehhändler das Geld für den Esel. Während die umstehenden Leute Goha zu seinem Kauf gratulierten, verschwand der Viehhändler mit dem Geld.

Goha aber trottete besorgt und traurig mit seinem alten Esel nach Hause. Seine Frau, die seinen Kummer sofort bemerkte, fragte ihn: „Was ist denn los, lieber Mann, warum bist du so betrübt?" Als Goha ihr von seinem Missgeschick erzählt hatte, beruhigte sie ihn und sagte: „Das ist doch nicht so schlimm, Goha, mir ist heute etwas viel Schlimmeres passiert!" „Was denn?", fragte Goha erschrocken.

Seine Frau erzählte: „Ich war heute in der Stadt, um Reis zu kaufen. Als ich merkte, dass der Händler den Reis zu einem teuren Preis anbot, wollte ich uns einen Vorteil verschaffen. Ich nahm das Geld für den Reis aus dem Geldbeutel und legte diesen in einem unbemerkten Moment mit zu den Gewichten auf der Waage, um wenigstens etwas mehr Reis zu bekommen.
Ich bekam den Reis, bezahlte die verein-

barte Summe und ging schnell nach Hause, ohne meinen Geldbeutel mitzunehmen." Goha fragte sie, wie teuer der Reis gewesen sei, und sie antwortete: „Drei Dinar." „Und wieviel Geld", fragte Goha besorgt, „hattest du noch in deinem Geldbeutel?" „Alles, was wir gespart hatten, war darin", gab die Frau kleinlaut zur Antwort. Goha schlug die Hände über dem Kopf zusammen und rief aus: „Wer andern eine Grube gräbt, fällt selbst hinein."

Der sture Goha

Eines Tages kam Goha mit seinem Esel erschöpft von der Arbeit nach Hause. Er band den Esel im Stall vor dem Haus an und ging hinein. Um sich zu erholen, setzte sich Goha hin und bat seine Frau, dem Esel Futter zu geben. Seine Frau weigerte sich, das zu tun, und erwiderte: „Es ist nicht meine Aufgabe, den Esel zu füttern; du musst das selber tun." Goha bestand aber darauf, dass seine Frau das Tier füttern müsse, so dass ein heftiger Streit entstand. Schließlich schwiegen

sie und einigten sich, dass derjenige, der als erster zu sprechen anfinge, dem Esel sein Futter geben müsse.

Daraufhin setzte sich Goha in eine Ecke und sprach nicht mehr. Seine Frau ärgerte sich über ihn und verließ das Haus, um eine Nachbarin zu besuchen. Dort beschwerte sie sich über ihren sturen Mann.

Während sie bei der Nachbarin war und Goha schweigend in seiner Ecke saß, kam ein Räuber in Gohas Haus. Er merkte, dass alles ruhig war und glaubte daher, dass niemand zu Hause wäre; so begann er, alle wertvollen Sachen in einen Sack zu packen. Kurz darauf kam er auch in das Zimmer, in dem Goha immer noch schweigend in seiner Ecke saß. Goha reagierte auch jetzt nicht, sondern schwieg weiterhin.

Der Räuber wurde verlegen und wusste zunächst nicht, wie er reagieren sollte. Kurz darauf kam er zu dem Schluss, dass Goha krank sein müsse und weder reden noch sich bewegen könne. Also nahm der Dieb auch in diesem Zimmer vor Gohas Augen alle kostbaren Dinge an sich. Selbst als der Räuber mit allen Sachen aus seinem Haus floh, sprach Goha kein Wort.

Nach einiger Zeit begann seine Frau, sich Sorgen um ihn zu machen, und schickte den Sohn der Nachbarin mit einer Schüssel Suppe zu Goha, damit er essen sollte. Das Kind, das in Gohas Haus kam und ihn ohne Bewegung in seiner Ecke sitzen sah, sagte zu ihm: „Deine Frau schickt mich mit diesem Essen, weil sie glaubt, du hättest Hunger." Goha antwortete nicht, sondern begann dem Kind Zeichen zu machen, dass ein Räuber dagewesen sei und viele Sachen gestohlen habe. Natürlich wollte Goha erreichen, dass der Junge seiner Frau zu verstehen gab, dass sie kommen müsse. Dieser aber verstand ihn falsch und schüttete die Suppe auf Gohas Kopf, so dass dieser von oben bis unten nass wurde. Trotzdem sprach Goha immer noch kein Wort.

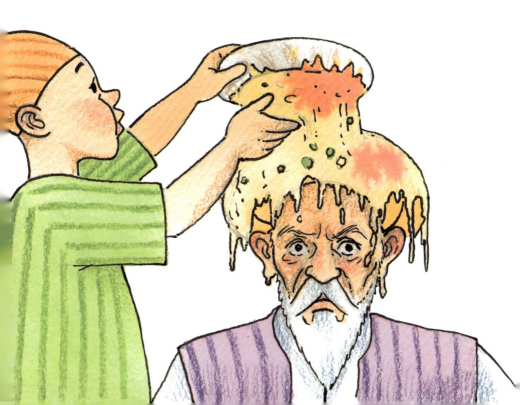

Das Kind ging nach Hause und berichtete Gohas Frau, dass es das Haus geplündert vorgefunden habe, was mit dem Essen passiert sei und dass Goha kein Wort gesagt habe. Gohas Frau merkte nun, dass etwas Außergewöhnliches geschehen sein musste, und ging nach Hause, um nachzusehen. Wie der Junge berichtet hatte, fand sie das Haus vollkommen leer, und Goha saß wie ein Denkmal in seiner Ecke. Da schrie sie ihn an: „Was ist denn los, Goha?"
In diesem Moment sprang Goha auf, lachte und sagte triumphierend: „Du hast die Wette verloren! Geh nun dem Esel Futter geben!"

Flüchtlingskinder im Libanon e.V.

Gemeinnütziger Verein zur Unterstützung palästinensischer Flüchtlingskinder im Libanon

Schirmfrau: Felicia Langer

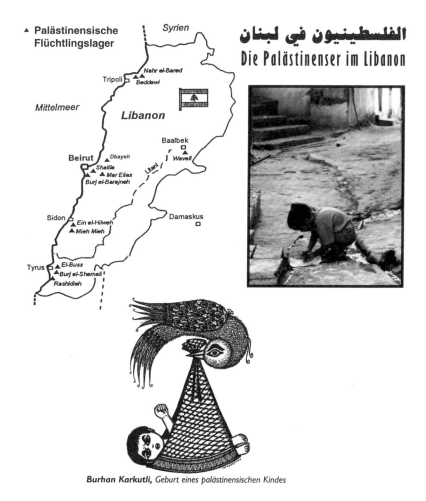

Burhan Karkutli, *Geburt eines palästinensischen Kindes*

Spendenkonto "FLÜCHTLINGSKINDER IM LIBANON" e. V.:
Nr.: 6337007 bei Volksbank Reutlingen
(BLZ 640 901 00)

Flüchtlinge im Libanon: Auf eigenen Füßen

Foto: Najdeh

Gegen Hoffnungslosigkeit und Gewalt

Junge palästinensische Flüchtlingsfrauen im Libanon machen sich fit für die Zukunft mit einer Berufsausbildung. Und ernähren dann meist die gesamte Familie. Die Association Najdeh sorgt dafür, dass die Frauen in den Flüchtlingslagern ihre bedrückende Lebenssituation verbessern und Perspektiven entwickeln können. Najdeh bietet Ausbildung, Kinderbetreuung und Kleinkredite.

„Brot für die Welt" unterstützt die Organisationen und Gruppen, die sich friedlich für eine menschenwürdige Welt einsetzen. Helfen Sie uns auch hierbei mit ihrer Spende

Postbank Köln 500 500-500